Lettres Patentes du ROY, SVR L'OBSERVATION DES EDICTS, Ordonnances, & Declarations faictes sur la defense des Duels, auec ampliation.

Verifiees en Parlement le 24. Juillet, 1617.

A PARIS,

Par FED. MOREL, & P. METTAYER,
Imprimeurs ordinaires du Roy.

M. DC XVII.

Auec Priuilege de sa Maiesté.

OVYS par la grace
de Dieu Roy de
France & de Nauar-
re, A tous ceux qui
ces presentes lettres
verront, Salut. Il n'y
a point de loix si sainctes & salutai-
res, dont la vigueur ne se relache
par le temps, & par les diuers acci-
dens & desordres qui arriuent en
l'Estat. Ce que nous auons à nostre
grand regret esprouué en l'executió
de celles que nostre tres-honoré seigneur & Pere & Nous, auons publiees pour bannir & extirper de la
France le detestable vsage des Duels:
Car les mouuemens dernierement

A ij

suruenus, & l'impunité que moyen-
noit à toutes sortes de crimes, vn
homme qui y auoit vsurpé tout
pouuoir, & abusoit licentieusement
de nostre nom & auctorité, ont tel-
lement allumé aux plus genereux
courages de nos subjects ceste fu-
rieuse ardeur de prodiguer leur vie,
par ceste sorte de combats, soit en
la vengeance de leurs iniures, soit
en vne folle ostentation de leur valeur, que la France d'vn Royaume
tres Chrestié se trouue transformee
en vn theatre de gladiateurs, où le
sang de la Noblesse qui doit seruir à
cimenter la Foy Chrestienne, & le
salut de l'Estat ne sert quasi plus qu'à
polluer la terre, & y imprimer des
marques detestables de la perte des
corps & des ames tout ensemble,
d'vn grand nombre de personnes
de grande qualité, & de beaucoup

de valeur. A cefte heure que Dieu
nous a faict la grace de pouuoir li-
brement, & felon que noftre deuoir
& confcience nous oblige, admini-
ftrer noftredit Royaume, & par bô-
nes & fainctes loix reigler & refor-
mer ce que les defordres paffez y a-
uoient corrompu & dereglé, Nous
auons veu que la chofe à quoy nous
deuions plus foigneufement pour-
uoir, eftoit le faict des Duels, comme
celle en laquelle nous croyons la
Majefté de Dieu premierement, &
puis la noftre eftre plus griefuement
offenfée : & ce faifant mettre ordre
qu'à l'aduenir chacun foit retenu de
commettre femblables crimes, &
quand & quand que tant de perfon-
nes de qualité qui durant noftre mi-
norité, & iufques à prefent, ou par
la licence des guerres & mouuemens paffez, ou par l'exemple de

A iij

l'impunité ont contreuenu aux ordonnances , & encouru les peines
portees par icelles, ne perdent hon-
teufement leurs vies, lefquelles ils
pourront vtilement & glorieufemét
employer pour la feureté de noftre
Eftat: Et par ce moyen beaucoup de
grandes & illuftres familles ne de-
meurent defolées, & la France defti-
tuee de fa plus affeurée defenfe. Ce
que nous auons eftimé ne pouuoir
mieux effectuer que faifant de nouueau publier lefdits Edicts & ordó-
nances, & y adiouftant comme nous
ferons encores par cy apres, tout ce
que nous recognoiftrons pouuoir
feruir à defraciner vn fi pernicieux
& damnable abuz, foit par la feueri-
té des peines, foit par le tefmoigna-
ge que nous rendrons de l'horreur
& deteftation en laquelle nous voulons qu'on fçache que nous auons

& aurons ceux qui s'en trouuerront coulpables. Pour ces causes & autres considerations à ce nous mouuans, Sçauoir faisons, Que de l'aduis d'aucuns Princes , Ducs, Pairs, Officiers de nostre Couronne, & principaux seigneurs de nostre Conseil, & de nostre certaine science, pleine puissance & auctorité Royale, Nous voulõs & nous plaist, que les Edicts, ordonnances & declarations cy deuant faictes, tant par nostredit feu seigneur & Pere que par nous, sur le faict des querelles, appels , Duels, combats & rencontres, soyent de nouueau publiées & inuiolablemét gardees & obseruees. A ceste fin nous iurons & promettons en foy & parolle de Roy, de n'exempter à l'aduenir aucun, pour quelque cause ou occasió que ce soit de la rigueur d'icelle: Et qu'il ne sera par nous accor-

dé aucune remiſſion , pardon ou a-
bolition à ceux qui ſe trouueront
preuenus dudit crime : & ſi aucunes
en ſont preſentees à nos Cours ſou-
ueraines ou autres iuges, Voulons
qu'ils n'y ayét aucun eſgard, comme
à choſe contraire à noſtre volonté,
quelque clauſe de noſtre propre
mouuement, ou autre derogatoire
qui y puiſſe eſtre appoſée. Defen-
dons tres-expreſſement à tous Princes & ſeigneurs eſtans pres de nous
de n'interceder, ou faire aucune prie-
re pour ceux qui auront contreuenu
à noſdits Edicts, à peine d'encourir
noſtre indignatió. Ordonnons que
pour empeſcher & terminer les querelles qui peuuent ſuruenir entre les
ſeigneurs, gentils-hommes & autres
nos chers & bien amez Couſins les
Mareſchaux de France, nos Gouuer-
neurs & Lieutenans Generaux aux
Prouinces

Prouinces obseruent soigneusemét
ce qui leur est mandé & ordonné
par nosdites Ordonnances. Mais a-
pres qu'il y aura eu appel, Duel, ou
combat, voulons que la cognois-
sance & iugement en appartienne à
nos Cours de Parlement, pour ce
qui sera arriué és villes où elles sont
seantes, aux enuirons d'icelles, ou
bien plus loing entre personnes de
telle qualité & importance qu'ils iu-
gent y deuoir interposer leur auctorité: & pour les autres nos Iuges Pre-
sidiaux &autres ordinaires, à la char-
ge de l'appel. Laquelle nous auons
entierement interdite, & interdi-
sons à nostre grand Preuost & tous
autres nos Preuosts & Iuges extra-
ordinaires, quelque attribution ou
addresse qui leur en peust estre faite.
Et afin que ceux qui tomberont en
ce crime, sçachent qu'ils n'y peu-

B

uent ny leur poſterité iámais eſperer
aucun bien, honneur, repos ny com-
modité, ny receuoir en leur miſere
aucun ſoulagement & conſolation
par noſtre miſericorde, outre les
peines portees par nos precedens
Edicts, declarons que par le ſeul fait
deſdits appels & Duels, & auſſi toſt
que le delict aura eſté commis toutes charges & offices dont ſeront
pourueuz les delinquans ſeront va-
cans & impetrables, & tous leurs autres biens, tant meubles qu'immeu-
bles, acquis & confiſquez aux Hoſpitaux & pauures des lieux où le crime aura eſté perpetré, & que la ven-
dication deſdits biés puiſſe eſtre re-
quiſe par nos Procureurs Generaux,
leurs Subſtituts & adminiſtrateurs
deſdits hoſpitaux, & l'adiudication
faicte par nos Iuges, nonobſtant la
mort des delinquans, & tout laps de

temps ou prescription quelconque.
Declarons en outre toutes disposi-
tiõs faictes depuis le delict commis,
ou auparauant en fraude euidente
de nosdits Edicts, nulles, & de nul
effect & valeur : voulons seulement
sur lesdits biens & condamnations
estre desduicts les fraiz de Iustice,
amendes à pieux vsages, & ce que
les iuges trouueront equitable d'ad-
iuger aux enfans s'y aucuns y a pour
leur nourriture & entretenement
seulement. Ce que nous leur per-
mettons, comme aussi d'ordonner
sur lesdits biens confisquez, telles
recompenses aux denonciateurs &
autres qui auront descouuert lesdits
delicts qu'ils aduiseront raisonna-
ble, afin que comme en vn crime
public & grandement detestable,
chacun soit inuité à la denonciation
d'iceluy. Nous demettans pour no-

ſtre regard au profict deſdits pauures & hoſpitaux de tous droicts qui
nous pourroient appartenir auſdits
biens ainſi confiſquez:excepté tou-
tesfois les fiefs principaux mouuans
directement & nuëment de noſtre
Couronne,leſquels nous y voulons
eſtre reunis inſeparablement , ſans
qu'à leur preiudice,les dõs,& remiſ-
ſions que les veufues ou heritiers
pourroiét obtenir de nous, puiſſent
eſtre d'aucun effect ou valeur, en
quelque forme & maniere qu'elles
puiſſent eſtre conceuës, & quelque
clauſe comme dict eſt qui y peuſt e-
ſtre appoſée. Et ce faiſant,& pour les
raiſons que deſſus, voulons & ordõ-
nons que ceux qui depuis noſtre regne, & iuſques à preſent ſont tom-
bez en pareille faute, & ſe font ren-
dus coulpables deſdicts appels &
Duels, & rencontres,ſoient diſpen-

fez & exemptez, comme nous les
difpenfons & exemptons par ces
prefentes,de la peine de mort portée
par lefdits precedens Edicts & ordonnances. SI donnons en mande-
ment à nos amez & feaux Confeil-
lers les gens tenans nos Cours de
Parlement, que ces prefentes auec
lefdits precedens Edicts & declarations ils facent lire, publier & regi-
ftrer,gardent,entretiénent & obfer-
uent, facent aufsi garder, entretenir
& obferuer en l'eftendue de leur ref-
fort inuiolablement, fans y côntre-
uenir,ne permettre qu'il y foit atten-
té ou contreuenu directement ou
indirectement , pour quelque caufe
ou pretexte, & par quelque perfon-
ne que ce foit: Ceffant & faifant in-
continant ceffer,reparer & reftituer
toutes chofes à ce contraires. CAR
tel eft noftre plaifir. En tefmoing
B iij

dequoy nous auons faict mettre
noſtre ſeel à ces preſentes: Données
au bois de Vincennes, le xiiij. iour
de Iuillet, l'an de grace mil ſix cens
dix-ſept : Et de noſtre Regne le
huictieſme.

Signées,   LOVYS.
Et plus bas, Par le Roy.
          DE LOMENIE.
Et ſcellees du grand ſeau de cire
iaune ſur double queuë.

Leuës, publiees, & regiſtrees,
oy & ce requerant le Procureur
General du Roy. Ordonné que
coppies collationnees ſeront en-
uoyees aux Baillages & Seneſ-
chauſſees, pour y eſtre leues, pu-
bliees, regiſtrees, gardees & obſer-
uees à la diligence des Subſtituts

du Procureur General : ausquels enioinct la certifier auoir ce faict au mois. A Paris en Parlement le vingt-quatriesme Juillet, mil six cens dix-sept.

Signé,   VORSIN.

www.ingramcontent.com/pod-product-compliance
Lightning Source LLC
LaVergne TN
LVHW021819060726
842528LV00004B/1430